NOTES...

DATE:

NOTES...

DATE:

NOTES...

D A T E :

DATE:

NOTES...

D A T E :

DATE:

NOTES...

DATE:

NOTES...

DATE:

NOTES...

DATE:

NOTES...

DATE:

NOTES...

DATE:

NOTES...

DATE:

NOTES...

DATE:

NOTES...

DATE:

NOTES...

D A T E :

DATE:

NOTES...

NOTES...

DATE:

DATE:

NOTES...

NOTES...

DATE:

DATE:

NOTES...

DATE:

NOTES...

DATE:

NOTES...

DATE:

NOTES...

DATE:

D A T E :

NOTES...

DATE:

DATE:

NOTES...

DATE:

NOTES...

D A T E :

DATE:

NOTES...

NOTES...

DATE:

DATE:

NOTES...

DATE:

NOTES...

DATE:

NOTES...

D A T E :

DATE:

NOTES...

DATE:

DATE:

DATE:

DATE:

DATE:

NOTES...

NOTES...

DATE:

DATE:

NOTES...

DATE:

DATE:

NOTES...

DATE:

NOTES...

D A T E :

DATE:

NOTES...

DATE:

NOTES...

D A T E :

NOTES...

DATE:

NOTES...

DATE:

D A T E :

DATE:

DATE:

NOTES...

NOTES...

DATE:

DATE:

NOTES...

NOTES...

DATE:

DATE:

NOTES...

NOTES...

DATE:

DATE:

DATE:

NOTES...

DATE:

NOTES...

DATE:

NOTES...

DATE:

DATE:

NOTES...

NOTES...

DATE:

NOTES...

DATE:

DATE:

DATE:

DATE:

NOTES...

DATE:

NOTES...

DATE:

NOTES...

NOTES...

DATE:

DATE:

NOTES...

DATE:

DATE:

DATE:

NOTES...

DATE:

DATE:

NOTES...

D A T E :

DATE:

D A T E :

NOTES...

DATE:

DATE:

NOTES...

DATE:

NOTES...

DATE:

DATE:

D A T E :

DATE:

NOTES...

DATE:

NOTES...

DATE:

DATE:

NOTES...

NOTES...

DATE:

D A T E :

DATE:

NOTES...

DATE:

NOTES...

NOTES...

DATE:

DATE:

NOTES...

DATE:

NOTES...

DATE:

NOTES...

NOTES...

DATE:

NOTES...

DATE:

DATE:

NOTES...

DATE:

NOTES...

DATE:

DATE:

NOTES...

NOTES...

DATE:

DATE:

NOTES...

DATE:

NOTES...

DATE:

NOTES...

DATE:

NOTES...

NOTES...

DATE:

DATE:

DATE:

NOTES...

DATE:

NOTES...

DATE:

NOTES...

DATE:

NOTES...

DATE: